Strings Of Emotions

AF664009

Published By

POETRY WORLD ORG

First Edition : 2020

Strings Of Emotions

Inked By

Komal Gupta

About the Author

Komal Gupta, a freelance writer, is a recipient of prestigious WEAA INDIA Awards 2020 for Excellence in Content Writing and Blogging. She has co-authored over 35 Anthologies and has also written content for Digital Magazines, Upgrading India Official Blog and Happy Motherhood website.

Mother of a 2 year old boy, she quit her banking job soon after her son was born and now she is a happy stay-at-home mom. Presently, she is fulfilling her dream of writing her heart out in her own way. Having herself gone through more than her share of ups and downs, she has a perspective towards society that is born out of her own experiences.

She believes in showing mirror to the society on the issues plaguing it. She believes in creating awareness about the wrong practices of the society. Her belief is that only by highlighting the wrong practices of the society, more and more people can be made aware of the ill practices which have got imbedded in their system over the years without them even realizing it. She emphasizes on writing in an elementary accessible style, where readers can connect with her words.

About the Book

This book is a collection of monologues, open letters and poems, written to inspire you and touch your heart.

Through the author's imagination, her journey through life and her observations, the book is meant to inspire you if you are feeling dejected, heal you if you are hurt and provide you a glimpse of the other world if you have fallen complacent in your own world. The book talks about the sadness and happiness that everyone goes through in their life.

The book touches upon the prejudices that the society has towards women, and how inspite of all of this, these women fight for their rightful place and earn it and also inspire others to achieve the same. The book talks about the changes that are required in our society, for it to be called a progressive one.

All in all, it has something for everyone, irrespective of the age group. You can find inspiration, solace, happiness and sadness. It is written in a simple and elegant way to make it understandable for an amateur as well as a professional.

Acknowledgement

First and foremost, thanks to the Almighty for making me worthy of writing this book.

I would like to thank my parents, brother, husband and in-laws for all the support that they have provided.

I would also like to thank all my friends and teachers for being instrumental in my growth as an individual.

Lastly, I would like to thank my two year old son, who has been my main source of inspiration and strength.

I would like to dedicate this book to the society and to those individuals whose stories of life open up varied emotions hidden within, every emotion holding a particular stage and importance.

Index

Monologues 13

That Is How I Survived 15

A World Of Love 17

Gratitude 18

Love Is #Sui Generis 19

Open Letters 21

Open Letter To Teens 23

Open Letter To Self 25

Open Letter To A Beautiful Life 26

Open Letter To Life - An Artist 28

Poetry 29

My Son.. My Blessing.. 31

Truth Of Life 32

My Odyssey 33

Life Goes On 34

For You Maa 35

Lockdown In Hearts 36

Outing 37

Reality Check 38

Betrayal 39

Enough 41
My Love 42
Perfect Life 43
Celebrate Love 44
Sinner 45
Fake Love 46
Twisted Life 47
Thanksgiving 48
Life For You 49
Right Decision 50
Your Absence 51
Starry Night 52
Siblings Companionship 53
चिट्ठी 55
चिट्ठी... पापा के नाम 57
कविताएं 62
अनुचित समाज 64
काला समाज 65
मेंरे चेहरे 67
कलाकार की कला 68
विश्वासघात 69

मुश्किल है जीना 70
मेरी उड़ान..71
मेरा संघर्ष..73
मुलाक़ात..74
सफेद रंग 75
लेखक का जीवन 77
प्रकृति का स्वरूप..78
मन का सुख 79
हार के मायने 80
झूठा प्यार.. 81
मेरा अक्स..82
खुद से जंग 83
बंजारा..84
लकीर..85
माँ 86
एक नई दुनिया..87
ए खुदा..88
मेरा मुकद्दर..89
मुसाफ़िर 90
बारिश 91

अधूरी ज़िन्दगी....................93
उनकी याद....................94
दिल की किताब....................95
दिल की आरज़ू....................97
आखिर क्यों....................98
जीवन, एक आदर्श....................99
औरत है... छुपती फिरती है....................101

Monologues

"Rise and shine everytime you fall,

That's the glory to enthral.

Never surrender, ignite against the odd,

Or you will hoist with your own petard."

That Is How I Survived

What is going on with me? Why am I so confused about the decisions I make? Why is everyone talking behind my back? Why am I not able to live upto my mother's expectations? What is exactly wrong with me?

No-one knows what I have gone through. No-one knows what is going on in my life. No-one knows about my failures and achievements. So, why do they judge me? I don't think I can move ahead in my life if things remain the same. I need clarity on the thoughts that are pulling me down. They are not allowing me to project myself the way I wish to.

Why am I not allowed to cry out loud?

My life is all imperfect in this perfect world.

It was that one moment when my father decided to end his sufferings.

Was it my fault? No! It was my father's fault. He decided to end his life and with that he gave me a life full of never ending dejections and sufferings.

I have seen hatred for me in the eyes of my so called family and friends. I have experienced bullying and backlash from the society. I remember crying on petty issues, just to take out my frustration in some way. Mom used to control her tears in front of us and she still does it. This haunts my soul. I was looked down upon.

But why?

Did I suggest my father to take this extreme step?

No! I loved him. He was my father..!!

His demise left me and my family in shambles. This incident tore us apart.

No father, no money, no respect, no love, no nice clothes, no outings, no fancy schooling...

But I survived.. to my best.. to prove them all wrong. It was definitely his plan to make me succeed in life.

It has been 20 years without you dad. I can still see you, feel you. Your absence made me believe in your presence inside me.

And you know what? That is how I have succeeded and survived in this society and world.

A World Of Love

Imagine a world where people act out of love.

Really, a world where people act only out of love?

Definitely sounds like a revisit to the 60's. Not a reality anymore.

Now, hearts break, souls tear apart and love has lost its true essence.

Remember, when our heart breaks, we have allowed someone's opinion to become our reality. Refrain from doing this.

Do realize that there is nothing, but opinions out there. More the people you take advice from, more will be the opinions. Nothing said before, by anyone, is anything but opinion.

Try to act out of love, in a world where everyone is going through a series of emotional crisis.

Gratitude

What am I thankful for?

I am thankful for my family
I am thankful for my friends
I am thankful for the things I have
The thankyous never seem to end

I am thankful for the food I eat
I am thankful for the house I live in
I am thankful for the clothes I wear
The thankyous never seem to end

What are you thankful for?

Ask yourself. And if you have an answer to that, consider yourself to be amongst the luckiest ones in this world, since you have something to be grateful for.

Have gratitude and be thankful for the things you have and enjoy their presence. Many people out there wish to have a life like yours.

Love Is #Sui Generis

Love, as it was there before any living individual was born, is independent of all individuals and will furthermore continue its existence after the individual ceases to interact with it.

People come in our life, gets too much involved and suddenly leave after realising their personal goals, for they believe that love will cease to happen without them.

Well.... My message to them is "Love was there before them and it will surely happen without them, but it will be of its own kind."

Not fake, but true in its soul.

"Endeavor to look for a free spirited wish

in a dandelion,

In lieu of a weed swirling with the wind in

those serene evenings."

Open Letters

"The feelings locked up in heart,

Gush out on mere sight of empathy.

The bruises scattered in soul,

Heal by mere touch of a loved one."

Open Letter To Teens

Hey, you! Yes, you!

You are your source of inspiration, frustration and joy. This world doesn't revolve around you. You build your own world. Make your share of mistakes and learn from them to be a better version of yourself.

Neither under estimate, nor exaggerate your importance. 'Try to fit in' is outdated. It is okay if you are not liked by people. Do not lose yourself in this dilemma. Laugh your heart out and cry out loud. Be compassionate and considerate. Be convinced of your existence. You got to know your purpose, worth and freedom.

Try to seek clarity to all questions popping up in your head. You will fail miserably in your attempts to gain answers to all that you search for. But it is good, at least you are striving hard for something.

Be normal! Celebrate being normal. It is not as easy as it seems to be.

As a teenager, you may feel like an adult and that you are all ready to take on the world and you may think that adults around you are the stupidest people you have ever seen. It is natural! This is how life works.

Test your boundaries, explore and figure out who you are and what are you supposed to do with your life. Try new things, fail at some of them and finally succeed at others. Do what you love. Do not be a part of the rat-race going on everywhere.

It will take you a lifetime to understand life itself. So, do not hurry. Be patient, be simple, be basic, and most importantly, be yourself.

Open Letter To Self

Dear self ...

I know you have been going through a lot.
I know you are not doing well.
I know your mind is stuck up in many directions.
I know these days are not going smooth.
I know you are not going to give up that easy.
I know you are trying your best to stay strong.
I know you are dealing hard with the mess around.

I know it all..

Just remember, whatever you go through, you will come out of it the way you can never think of.

The days are rough, I know, but you will pass them with flying colours.

Trust me, it will be all okay in the end. I will be with you, now and forever.

Stay strong, dear me!

Open Letter To A Beautiful Life

Hey life! You beautiful thing.

I know what you are going through, what you are thinking and what action you are contemplating.

You have gone through various ups and downs and have always come out of it with more strength. Your inner resolve to live your life to the fullest has always helped you in overcoming all the negative thoughts that come with all the downs.

Why is your inner resolve wavering this time?

What has happened this time that has made you lose all the hope?

I want to tell you that nothing is permanent. Every stage is temporary. If there is a down today, then there will be an up tomorrow. So there is no reason to lose hope even if the current situation is too frightening and you cannot think beyond it.

I am here to remind you that no situation is so big that it cannot be overcome. Your mind is playing tricks at this time, projecting a dark and a hopeless future. You need to take control of your mind and paint a bright future instead. You just have to get your mind free from the shackles that this situation has brought upon you. Once you break these shackles and allow your mind to free itself from the darkness that has eclipsed it, you will open yourself to infinite positive possibilities. In the negativity that your mind finds itself in, chances are that you might end up searching for something that doesn't even exist.

Never let your mind and thoughts straddle away. Instead of giving up, you will find the drive within yourself to labour hard towards achieving those ups, which are now definite possibilities. All thanks to your enlightened mind. Only you can help yourself to fill the void of inner peace in your mind, thoughts, heart and soul. Do not make yourself complicated, you are facile in your true sense. The layered stories of your existence open up varied emotions hidden within, every emotion holding a particular stage and importance. Go through all of your stories and find happiness and peace from all the positivity hidden in them.

Remember this thing and always apply it whenever you find yourself pitted in the darkest corner. Life, you are always beautiful. That beauty may get eclipsed temporarily but all you need to know is that - Sun seems to shine the brightest after an eclipse.

Dear life, you are too precious to be wasted on temporary hurdles.

Love yourself! For, you are worth it.

Open Letter To Life - An Artist

Hey Dear Life..

You are an amazing artist and you have been painting your thoughts and imaginations to an exceptional level altogether.

As everyone else does, you also go through a lot.. Sometimes you also don't do well.

But, just like a true artist, you don't give up easily.. You try your best to stay strong..

I know you deal hard with the mess around.. However, with a single colourful stroke of your painting brush, you paint all the dullness into vibrance.

You are an artist of your destiny and universe. Paint it in such a way that whosoever looks at you, gets a colourful sight.

Poetry

"Sarcasm and Disdain,

All goes in vain.

If you are strong enough,

Ignore the undesired guff."

My Son.. My Blessing..

You came as a blessing
Your presence became a bling
All my dreams came true
Life suddenly was a stew.

Hurdles seem a cake walk
Your baby steps are heart plock
You are now here to stay
I will be with you on the way.

Your giggles are my world
For you my life has swirled
Your cuddles are priceless
I have become an emotional mess.

Never will I let you cry
Your sound sleep gives a relief sigh
I cannot think of a life without you
Sacrosanct feelings are all true.

Truth Of Life

People with varied expectations
With some fear of dejections
Searching a way out
Disturbed with the mind, shout.

The varying velocities
And thousand curiosities
The emotional barriers
Are the eternal carriers.

Keeping aside all the worries
They are now developing queries
Moving along the path of success
Winning over their distress.

Their thoughts and views
All lined up in queues
To excel throughout
Among the buzzing crowd.

Everyone trying their best
To prove better than the rest
Dreams and aspirations are bound
For, the truth they have found.

My Odyssey

Many faces we meet
Some of them we greet
Chosen are the ones we remember
Just for them we never surrender.

Wittingly we forget the rest
And some become the best
Talks fade away with time
Memories stay there to shine.

In front of them we shy
Hesitation gives it a try
To walk together beside
Altogether minds far aside.

With varied personalities
And different mentalities
In the corner stands a girl
Her life, shaping like a pearl.

Life Goes On

Wandering out through the window pane
And to the lonely deserted lane
From where no one passes by,
But memories do give their try
The golden old days are a treasure
For, it gives a lot of pleasure.

To the eyes that never see you
To the ears that never hear you
To the hands that never touch you
To the mind that never forgets you.

I am scared if I get late
But then, no one is at the gate
He is not there to scold
No secrets left to unfold.

No one comes home at nine
Still all has to go fine
To feel his presence again, I can't be born
But well is said, Life Goes On.

For You Maa

A person so simple
Committed towards her work
Helping us all the time
With the communication crime.

An aura she carries
In the way she dresses
Makes her unique the way she is
Blessing us with her knowledge kiss.

She consoles like an Angel
As luminous as rigel
The love and warmth is pure
Her mere presence is a cure.

A mind full of talent
A soul purely gallant
Dealing with varied creeds
Shows her pious deeds.

Lockdown In Hearts

In these uncertain times
This phase of isolation
Never did I know
Life can be a consolation.

Count your blessings
Be thankful you can breathe
For you are lucky enough
There is a surrounded sheathe.

Hold on and ponder over
It is not that bad
Staying home is bliss
This really is not sad.

Empty roads, teary eyes, blank faces
Gods locked in their worshipped places
There is a war going on
Arms and ammunitions long gone.

Worst days, worst season
Worst time is on the go
Worst year we may say
There is still more to show.

Our life is in our hands
Acknowledge this superpower
Stay home, stay safe
Is need of the hour

Outing

A picnic is great by the day
Accompanied by dogs bay
Lots of fun by the lake
It is enjoyable, not fake.

Packed up stuff off to a park
Witnessed on the tree a stork
It is a party with ample meal
Why to make it a big deal?

Laughter of family and friends
With chirping birds it blends
Sunshine dances on our face
The breeze is up for a race.

Bright colours and freshly cut grass
Gone are those days.. Alas!
Greenery overpowers the intended mall
In nature's lap amongst all.

Reality Check

Do I really deserve you?
I am with you, it's true
Relations with a firm handshake
Don't know if this is all fake.

Do you really deserve me?
If not, then set me free
I shall get busy pondering over
With a glimpse of mind wander.

Does this world really deserve us?
It is all a damn fuss
We are not entitled to this fame
It is a slap on our face, a shame.

Does this world really deserve mankind?
Which never existed for the kind
Everything is tearing us apart
Blessed nature with a golden heart.

Betrayal

Life was always unfair
And left me in despair
It was not easy as it seems
Though bleak, yet full of dreams.

Heart beats with a deep sigh
Expectations climb up so high
I was my biggest rival
As I played no role in my revival.

My world shattered into pieces
Torn by your love into fleeces
Echoed your million dollar smile
Left in pain my heart so fragile.

All I was expecting, a fair play
Memories are only here to stay
Altercations destroyed our closeness
Separation lowered the astuteness.

I deserved something new
I deserved loyalty spew
I loved you, I regret
Conviction seems unreasonable yet.

It was not an attraction though
Deathbed, my life is going through
Often emptiness haunts my soul
When I ponder my life unfold.

With me, the world was laughing
Loneliness striked when I was crying
Now starts the phase of perfect isolation
Where silence is my only consolation.

Teary eyed blank face
Empty is the emotion to which heart relates
There is an internal strife going on
Feeling bad is all long gone.

Now I crave for solitude
With it, I was always obtrude
Situations are not to be blamed
My feelings, I never tamed.

My wounds can not be succoured
Hiding in darkness is my only reward
Privacy is now all that I seek
My spirit is willing, but flesh is weak.

Enough

Enough...
Of the daily chores
Of listening to everyone
Of sacrificing for others
Of taking care of everyone
Of ignoring yourself
Of repeated abusing
Of depressed soul
Of blurred destination
Of torturing yourself
Of keeping relations in sanctity
Of being pious
Of being sacrosanct
Of drenching in his sin
Of bearing the pain
Of the lost integrity

Stand up for yourself
For your worth!

My Love

I love to fight with you
At that time I am true
You are special to me
And that is what I want to be.

I know everything about you
We are one, however two
My love, I will forget you never
First of all we are friends forever.

Twinkling lights on rainbow
Your love for me, thus show
I am surely an emotional mess
In our love so priceless.

And here we are 5 years later
Celebrating our love with each other
Blessed are we with the best
Together we will solve life's test.

Perfect Life

Secret smiles and obvious tears
Got their esteemed worth
The world seems to be hidden
In a soul who moved Heaven and Earth.

That one person whom I had known a little
I was waiting for, life to celebrate
This was the voice that came from within
That I made a choice so deliberate.

Heart beats with a deep sigh
Expectations are climbing so high
Life has changed to be perfect in a sweep
The problems may now cut down deep.

The blurred destination is now a face
However our odyssey is in a new phase
Altercations I tend to do
I love you, even that is true.

Celebrate Love

In a fraction of second
And blink of eyes
Life gave me blessings
In a form so wise.

Known, but unknown he is
Love, you are a bliss
I am inevitably a sensitive mace
It is my immortal love phase.

Compromises never find a place
Delusions are in a haze
Feeling the defiance
For life, is this alliance?

And here we are together
No fights, compromises neither
At no time there are arguments
Unified with the commitments.

Sinner

She is a puppet everyone believed
Her innocence was at stake
In the hands of the masculine power
Her screams hid deep down.

Sad smiles proved her heartbreak
Not in love, but in forced relation
And then she shook with fear of that sinner
As she recalled the day when she was all alone.

Alone on that sinful road
From where no one passed by, to comfort her
Drenched in his sin, she returned home
Where no one believed her pain.

She believed her life is a failure
To the world she became a fighter
The sinner roamed freely alive
She closed her eyes in search of justice.

Fake Love

The promises you made
The love you showered
The dreams you painted
The hopes you built
Was it your love?
Yes, your fake love.

The vengeance you seeked
The conflict you raised
The resentment you harboured
The forgiveness you ignored
What was my fault?
It was your fake love!

The fantasy world you built
The destination you showed
The respect you bestowed
The void you fulfilled
Was it your love?
Yes, your fake love!

The feelings apart teared
The fights not sheltered
The emotions never trusted
The tears went uncheered
What was my fault?
It was your fake love!

Twisted Life

Relations are an interwoven tapestry
Pull out one thread and all gets unravelled
Happiness sadness, all comes in a goblet
We smile and say life is picture perfect.

Merrily, life is, but a treat
No hurdles no longing, it is a cheat
Each leaf having its own story
Be it sorrow or glory.

On the ground, in the book
Whirl and twirl, not locked in a hook
Sway with the wind, cling to the twig
Hunger of sunshine, bury in a dig.

Tangled are the heart and soul
Hurdles are on a rock and roll
The road of life never ends
With all curves and bends.

Thanksgiving

Life has always been unfair
And left me in despair
Have been through ups and downs
Searching for princess crowns.

Nothing went my way
People didn't come for a stay
God, then showered His blessing
My life got a swing.

The power up there blessed me in disguise
Essentially took me by surprise
His grace was buoyant
His invocations were clairvoyant.

He inferred my silence
My emotions he could sense
His absence around me
Contrived me to visualize His presence inside me.

Life For You

My dreams are for you
My wishes vest to you
My days lead to you
My nights conclude thinking of you.

My world whirls around you
My words swirl over you
My emotions are victim of you
My grief is captive of you.

Life has reciprocated for good
For me, you have ever stood
Meeting you was by chance
Being with you was my choice.

Life is not easy as it seems
Though bleak, yet full of dreams
All that I ever said is true
My life is only for you.

Right Decision

Life seems easy when you are there
I am getting used to your care
Living for you is now a choice
Loving you is eternal voice.

Doing little things gives happiness
You have completed this shallowness
Marrying you was a decision right
With you, my future is bright.

Embracing you is all I crave
Your simplicity I adore
The humbleness is perfect
For you I have immense respect.

I feel your presence even in my low
Hurdles are now taking a bow
Everything gets better with your touch
No one can love you ever this much.

Your Absence

No matter what, there are times
Life looks at us and it whines
Never thought we would live without you
Your absence still seems untrue.

We sit and remember
The times spent together
For, we believe you are up there
And haven't ceased to care.

Your ambience is perceived
The yearning is never misconceived
Your existence I can sense
In life, I sat on the fence.

Alliances are mere spectators
In our essence they were aspirators
Relations have their boundaries drawn
Life, however, goes on.

Starry Night

Glaring the moon the stars sighed
How fascinating it is they plied.

Never they realised their own worth
World hails the starry nights come down to Earth.

Squatting the Universal Heaven
Yet poles apart leaven.

At no time the moon accorded a logic
Beyond stars there would be no magic.

The stars upsurge its grace
Patiently interim their volte-face.

Whereby I admire the love-hate cosmos atop
Longing for their alliance cream of the crop.

Siblings Companionship

Crazy altercations we satiated
Giggles were mutual
That aggravating each other
Hailing for our works.

Conversations we indulged in
Umbrage we displayed
Lending helping hands
Pulling each other's legs.

Perceiving gestures and minds
Neglecting heart shouts
Tying holy sacred thread
Bothering for the worthy gifts.

It all reciprocated to video calls
But stored our alliance in divinity
No privilege for a preference
However, earned better than the best.

"Want to scorn undesirable society?

Set your headphones on and let them off

I guess it is ethically decent"

चिट्ठी

"अनगिनत अपने थे मेरे इस दुनिया में

झूठ ना बोलने की लत ने मुझे लावारिस

कर दिया"

चिट्ठी... पापा के नाम

जब मैं स्कूल कॉलेज अकेली जाया करती थी
तब आप नहीं थे मेरे पास पापा
जब मैं छुप-छुप के रोया करती थी
तब आप नहीं थे मेरे पास पापा
जब मैं आसमान को देखकर आपको पुकारा करती थी
तब आप नहीं थे मेरे पास पापा
जब मैं मम्मा से बात करने में डरती थी
तब आप नहीं थे मेरे पास पापा
जब मैं सहमी सी हुआ करती थी
तब आप नहीं थे मेरे पास पापा
जब मैं दुनिया वालों का सामना अकेले करती थी
तब आप नहीं थे मेरे पास पापा
जब मैं भाई से दिल की बात करने से कतराती थी
तब आप नहीं थे मेरे पास पापा
जब ये दुनिया मुझपर उँगली उठाती थी
तब आप नहीं थे मेरे पास पापा
जब मैं गलतियाँ करती थी

तब आप नहीं थे मेरे पास पापा
जब मैं समझदार बन गई थी
तब आप नहीं थे मेरे पास पापा
जब मैं छोटी थी
तब आप नहीं थे मेरे पास पापा
जब मैं बड़ी हो गई थी
तब आप नहीं थे मेरे पास पापा

आप तब भी नहीं थे मेरे पास पापा
आप आज भी नहीं हो मेरे पास पापा
लेकिन आप तब भी मेरे साथ थे पापा
आप आज भी मेरे साथ हो पापा
काश एक बार आपको बता पाती के कितना मुश्किल था
आपके बिना..
ज़िन्दगी के ये उतार-चढ़ाव, हर उम्र के पड़ाव

मेरा बचपन जैसे कहीं खो सा गया आपके जाने के साथ..
मेरी जवानी जैसे समझदारी में बदल गई आपके बिना

कभी मौका ही नहीं मिला आपकी डाँट खाने का.. आपकी शाबाशी पाने का.. आपको गर्व महसूस कराने का.. आपको खुश देखने का

ये सच है के किसी के जाने से ज़िन्दगी नहीं रुकती, पर ज़िन्दगी जीने का एहसास भी तो नहीं होता
आप जहाँ हो खुश हो, तभी मैं भी खुश हूँ
आखिर हम दोनों उम्दा कलाकार हैं

स्कूल, कॉलेज, यूनिवर्सिटी, जॉब, शादी, बच्चे...
सब देख लिया मैंने अपने जीवन में
बस एक आस बाकी है कभी आपको फिर से देख पाऊँ अपनी आँखों से

बस एक बार आपको महसूस करना है,
एक बार आपके सामने जी भर के रोना है,
बस एक बार आपसे गले मिलना है।
आपको अपने दुख नहीं बताने,
आपको अपनी परेशानी नहीं बतानी।

बस आपके साथ बात करनी है,
आपको हँसता हुए देखना है,
आपकी गोद में सर रखना है,
आपका हाथ अपने सर पर देखना है।

काश ऐसा हो पाता...

सही कहा है ' ज़िन्दगी इसी का नाम है '

आपके लिए कभी कोई दिन नहीं था
बस आपसे ही हमारे दिन हुआ करते थे
आपसे ही हमारी खुशियाँ हुआ करती थी
आपसे ही हमारी हँसी हुआ करती थी

अब वो दिन, वो खुशी, वो हँसी जैसे कहीं खो सी गई है
हँस तो रहे हैं, पर मुस्कुराना भूल गए हैं
ज़िन्दगी काट तो रहे हैं, पर जीना भूल गए हैं
सब कुछ तो है, पर एक कमी सी खलती है
आपके ना होने से, दिल में एक हूक सी उठती है

इस दिल पे एक ज़ख्म दे गए हो
जाने कहाँ चले गए हो
हर वक़्त एक ही है गम
क्या याद नहीं आते हैं हम?....

कविताएं

"घर के उस आँगन की याद आज भी रुला

जाती है

पापा के कंधे पर चढ़कर मैं खेलती थी

जहाँ"

अनुचित समाज

उचित-अनुचित समाज की अपनी ही संस्कृति है
यहाँ तो राम ने सीता को टटोलकर देखा है
हजारों खवाहिशें रखते हैं, पर कहने की हिम्मत नहीं
ये ज़िन्दगी है साहब, कोई सपना नहीं

यहाँ अमीर ओर अमीर, गरीब आ◌ेर गरीब है
ये खूबसूरत दुनिया असल में कितनी बदसूरत है
दिल में उठता तूफान है, पर उगलना नहीं
ये ज़िन्दगी है साहब, कोई सपना नहीं

रंगों भरी दुनिया कितनी बेरंग है
साथ हैं सब मगर कोई पास नहीं है
उम्मीदें कायम हैं, पर इज़हार करना नहीं
ये ज़िन्दगी है साहब, कोई सपना नहीं

यहाँ दिल की बात दिल में ही दफ़न हो जाती है
ये मुस्कुराहट कितनी झूठी है
पैसे का मोल है, पर भावनाओं का नहीं
ये ज़िन्दगी है साहब, कोई सपना नहीं।

काला समाज

रंग-बिरंगे इस समाज में
चेहरे में छुपे चेहरे हैं
कही अनकही बातों में
सुने-अनसुने किस्से हैं

रंगों के इस जाल में
एक रंग ऐसा भी है
जिसको सृष्टि के हर ज़र्रे में
अपना एक अलग ही मुकाम हासिल है

काला है वो रंग
जो भरपूर है खुद में
काला है वो रंग
जो सम्पूर्ण है खुद में

काला है किसी का रंग
किसी का दिल काला है
काला है किसी का स्वरूप

किसी का विचार काला है
काली है किसी की नीयत
किसी की आत्मा काली है
काली है किसी की पहचान
किसी की शख्सियत काली है
काला है ये अम्बर
किसी का अरमान काला है
काला है ये बारिश का बादल
किसी का इश्क़ काला है
काली है चण्डी माँ
किसी की प्रार्थना काली है
काली है किसी की ज़ुबान
किसी की हँसी भी काली है

काले रंग के अभाव में
इस समाज इस संसार में
रंगों का कोई मोल नहीं रहेगा
काला रंग हर इल्ज़ाम सहेगा ।

मेरे चेहरे

हजार चेहरे हैं मेरे
आज किस चेहरे से अपना मुख सजाऊँ
रंजिश है दिल में मगर
हँसती हुई सबको नजर आऊँ

पहचानना मुश्किल है अब मुझे
ना जाने किस दर्द से गुज़र रही हूँ मैं
चेहरे पर मुस्कान लिए
गमों को दुनिया से छुपा रही हूँ मैं

चेहरे में छुपे चेहरे हैं
असलियत नजर कैसे आएगी
क्या पता कल मेरी भी कहानी
हर जुबान दोहराएगी !!

इन चेहरों को चुनना आसान नहीं
आज मन की बात कोई नहीं सुनता
खुद को समझना चाहती हूँ मगर
जो दिल में है वो चेहरे पर नहीं दिखता

कलाकार की कला

कलाकार का कला से एक अलग ही नाता है
वो कला के प्रति अपनी प्रतिबद्धता को टटोलता है
ता उम्र उस कला की पहचान करता है
अपना जीवन समर्पित करने को तैयार रहता है

दुनिया की दी चेतावनी की परवाह नहीं करता है
घरवालों के इल्ज़ामों को सुख ही समझता है
आखिर पैसे का मोल तो सभी को ज्ञात है
कंगाली में जीना किसको अच्छा लगता है

एक कलाकार इन सब बातों से भली-भाँति परिचित है
अपने सपने को साकार करने के लिए सक्षम भी है
पर उसे जीवन की इस समाज रूपी परीक्षा में
अच्छे अंकों से उत्तीर्ण होकर दिखाना होता है
तभी वो अपनी कला को दुनिया तक पहुँचता है
और एक कलाकार कहलाता है

विश्वासघात

क्यों इस कदर उम्मीद जगाई तुमने
क्यों इस कदर प्यार किया मुझसे
क्यों इस कदर सपने दिखाए तुमने
क्यों इस कदर वादा किया मुझसे

दो पल के लिए ही सही
पर प्यार तो कर बैठी थी तुमसे
दो पल के लिए ही सही
पर दिल तो लगा बैठी थी तुमसे

इस दिल को टटोलकर देखा मैंने
अभी भी तुम्हारी मुस्कान ढूँढता है
इस दिल को समझाकर देखा मैंने
अभी भी तुम्हारी राह देखता है

क्यों इस कदर दीवाना बनाया तुमने
क्यों इस कदर ख्वाब संजोया मैंने
क्यों इस कदर विश्वास तोड़ा तुमने
क्यों इस कदर धोखा खाया मैंने

मुश्किल है जीना

क्यों हम खुद से नज़रें नहीं मिला पाते
क्यों हम खुद से बात नहीं करते
क्यों हम कुछ भी कहने से डरते हैं
क्यों हम हाल-ए-दिल बयान नहीं करते

क्यों इतना मुश्किल हो गया है सहना
क्यों इतना मुश्किल हो गया है कहना
क्यों इतना मुश्किल है ये दर्द सहना
क्यों इतना मुश्किल है ये हाल कहना

दिलों पर लकीर खींच दी है सबने
होंठों को सील दिया है हमने
ये दिल की बात दिल में रह जाती है
इज़हार करना कठिन लगता है
शब्दों का सहारा लेना भी जरूरी है
आजकल आँखों की जुबान पढ़ता कौन है

मेरी उड़ान

वो जो हमेशा चुप रहती है
कुछ बोलने से कतराती है
ना कुछ सोचती है
ना कुछ समझती है

अनजान है इस दुनिया से
इस दुनिया के रीति-रिवाज़ से
रिवाज़ों के इन बंधनों से
बंधनों के इस जाल से

खामोशियाँ टूटेंगी तो तूफान होगा
तूफान से बढ़कर शोर होगा
शोर उसकी आँखों में होगा
उसकी आँखों से बहता लहू होगा

मेरी उड़ान से अनजान हैं वो
मेरे सपनों को जानते कहाँ हैं वो
मेरे होंसले से वाकिफ नहीं हैं वो
मेरी खुशी से उदास दिखते हैं वो

खुल के जीने में कोई हर्ज़ नहीं है
दिल में रखना कोई गर्ज़ नहीं है
खोखले रिश्तों में कैद नहीं होना है
तोड़ कर बेड़ियाँ मुझे उड़ना है

मेरा संघर्ष

धूप भी मैं चाँदनी भी मैं
कहीं दूर चमकता तारा हूँ मैं
काली भी मैं चण्डी भी मैं
किसी के घर की लक्ष्मी हूँ मैं
तारीफ भी मैं तहज़ीब भी मैं
दुनिया के लिए एक खिलौना हूँ मैं
गर्व भी मैं अभिमान भी मैं
कभी सबके लिए बिल्कुल अनजान हूँ मैं
बदनामी भी मैं शोहरत भी मैं
अपने अंदर बवंडर रखती हूँ मैं
औरत भी मैं अर्धांगिनी भी मैं
सबसे पहले एक इंसान हूँ मैं
चीख भी मैं पुकार भी मैं
दिल से सुनो मीठी आवाज़ हूँ मैं
शोला भी मैं शबनम भी मैं
एक ऐसी भयानक आग हूँ मैं
उम्मीद भी मैं शिकायत भी मैं
हर अंजाम का आगाज़ हूँ मैं

मुलाक़ात

उनसे मुलाक़ात का नशा ही अलग है
ना कोई रस्मों रिवाज़ हैं, ना ही समाज की बंदिशें हैं
ना अपना खयाल है, ना ही किसी की तलाश है
खोए हुए हैं उनकी आँखों में, कुछ ऐसे गहरे राज़ हैं
जो लफ़्ज़ों में ना बयान हो, कुछ ऐसे अल्फ़ाज़ हैं
टूट कर चाहा है उनको, ये बात सरेआम है
आज उनकी मोहब्बत की आज़माइश है
फिर कभी ना मिलने का वादा किया है उन्होंने
फिर भी उनके इंतज़ार में ज़िन्दगी गुज़र रही है
वो मुलाक़ात ही कुछ खास होती है
एक बार मिलने की आस होती है
बिछड़कर मिलना तो दस्तूर-ए-दुनिया है
हम तो बस इसी विश्वास में ज़िन्दा हैं
अभी भी उम्मीद का दामन नहीं छोड़ा है, क्योंकि
उनसे मुलाक़ात का नशा ही अलग है

सफेद रंग

उस सफेद रंग का घाव बहुत गहरा था
मेरी तुम्हारी समझ और सोच से परे
मत पुकारो विधवा, वीरांगना है वो
अपने बच्चों के लिए आज से पिता है वो

खत्म हुए जीवन से रंग-रूप
छिन गई उसकी छाँव-धूप
सफेद ओढ़नी है उसका संसार
सजना-सँवरना नहीं अब हथियार

उम्र भर की पीड़ा है उसकी तकदीर
यही कहती उसकी हाथ की लकीर
सब दुख-दर्द अकेले सहनेहैं
दिल पे लगे घाव सबसे छुपाने हैं

वो जो सहमी सी बैठी है
मत समझो उसको कमजोर तुम

एक वीर योद्धा की अर्धांगिनी है
मत समझो उसको लाचार तुम

दिल पे पत्थर रखकर विदा करती है
मत समझो उसको बेचारी तुम
वीर खुद बनने की कसम खायी है
मत समझो उसको अनाड़ी तुम

अगले ही दिन हिम्मत दिखाती है
मत समझो उसको निर्बल तुम
अपने पति की याद में रोती भी है
मत समझो उसको बेफिक्र तुम

उस सफेद रंग का घाव बहुत गहरा था
मेरी तुम्हारी समझ और सोच से परे
मत पुकारो विधवा, वीरांगना है वो
अपने बच्चों के लिए, आज से पिता है वो

लेखक का जीवन

लिखते-लिखते अल्फ़ाज़ जैसे कहीं खो से जाते हैं
ख्वाब बुनते हुए टूट जाते हैं
एहसास कभी जैसे कहीं खो से जाते हैं
अरमान भी अक्सर टूट जाते हैं
ख्याल जैसे कहीं खो से जाते हैं
उम्मीदों के दामन भी टूट जाते हैं

ना माज़ी के किस्से याद आते हैं
ना मौजूदा वक़्त साथ देता है
ना मुस्तक़बिल के सहारे शब्द मिलते हैं

कवि, गायक, शायर होना आसान नहीं है
हर किसी की रूह को छूना आसान नहीं है
हम किसी के जज़्बात बयान कर पाए
हर बार ऐसा लिखना आसान नहीं है

कलम ही एक सहारा है हमारा
हर लेखक का दिल टूटा हो ये ज़रूरी तो नहीं
दिल से दिल तक लिखते रहना हुनर है हमारा
लेखक का हर लफ्ज़ मुशायरा बने ये ज़रूरी तो नहीं

प्रकृति का स्वरूप

ये वादियां, ये आसमान

घुलते हैं रंग, घुलती है खुशबुएं यहां

ये झरने, ये घटाएं

बरसती है बारिश, चमकती हैं बिजलियां यहां

ये नदियां, ये सागर

बहता है पानी, आता है तूफान यहां

ये तारे, ये चंद्रमा

छेड़ो मल्हार, तो झूम के आता है सावन यहां

ये प्रकृति, ये कुदरत

दिखता है सृष्टि का स्वरूप यहां ।

मन का सुख

सूरज की तपती गर्मी हो
या हो तरुवर की छाया
मन को सुख तब मिलता है
जब दोनों को हो पाया

हिन्दू-मुसलमान हो
या हो सिख-ईसाई यहाँ
मन को सुख तब मिलता है
जब खिल उठे सारा जहाँ

पशु-पक्षी हो
या हो इंसान की जाती
मन को सुख तब मिलता है
जब दिलों की दूरी मिट जाती

राम रहीम की भक्ति हो
या हो रफ़ी किशोर के गीत
मन को सुख तब मिलता है
जब इंसानियत जाती है जीत।

हार के मायने

क्या जीतना ही सब कुछ है
क्या हार के कोई मायने नहीं है
एक बार हार कर तो देखो
दुनिया का अलग ही रंग दिखेगा

आखिर तजुर्बा भी कभी काम करता है
आखिर समय भी होंसला देता है
एक बार हार कर तो देखो
दुनिया का अलग ही रंग दिखेगा

कभी रास्ते में रुकना भी पड़ता है
कभी ठोकर भी अच्छी लगती है
एक बार हार कर तो देखो
दुनिया का अलग ही रंग दिखेगा

सभी को मुकम्मल जहाँ नहीं मिलता है
सभी को सफलता हासिल नहीं होती हे
एक बार हार कर तो देखो
दुनिया का अलग ही रंग दिखेगा

झूठा प्यार

दिल लगाने की सज़ा तो मत दो मुझे
इस चाहत में दगा तो मत दो मुझे
इश्क़ तो तुमसे सच्चा किया है मैंने
मोहब्बत की इबादत की है मैंने

झूठे थे तुम्हारे वादे
झूठी थी वो कसमें
ता उम्र दर्द जुदाई का सहना है
पर इस दिल से प्यार कम नहीं होना है

तुम्हारे अल्फ़ाज़ अभी भी याद हैं मुझे
तुम्हारा मुस्कुराना नहीं भूलता मुझे
तुम्हारी वो प्यार भरी मुस्कुराहट झूठी थी
तुम्हें समझ ना पाई मेरी लाचारी थी !

क्यों इस कदर प्यार किया मुझे
क्यों इस भ्रम में रखा मुझे
सोचो ,, क्या इस दगा के काबिल थी मैं ?
क्या तुम्हारे झूठे प्यार का हासिल थी मैं ?

मेरा अक्स

अतीत का भोज उतारकर
मन हल्का ज़रूर हो जाता है
पर दिल का कहना सुनकर
जीना मुश्किल हो जाता है

मेरा अक्स मुझसे बिछड़कर
अपना हासिल नहीं पाता है
गर वफा की उसने सोचकर
तो दर-दर भटकता क्यों रहता है

क्यों ख़ुदग़र्ज़ हुए मुझे ना समझकर
ये वफ़ा-ए-दिल सहना है
कोई साथ नहीं देता उम्रभर
बस अपने आप से इश्क़ करना है

खुद से जंग

जब दिल दिमाग की ना सुने
तब होती है जंग
जब दिमाग हल्ला बोल दे
तब होती है जंग
जब अक्स टूट जाए
तब होती है जंग
जब सीने पर तीर चलें
तब होती है जंग
जब ज़ख्म हो जाएं गहरे
तब होती है जंग
जब सपनों पर चोट लगे
तब होती है जंग
जब अरमान ना हों पूरे
तब होती है जंग
जब कुछ भी सही ना लगे
तब होती है जंग

बंजारा

दर दर भटकता फिरता हूँ
मैं बंजारा हूँ, बस चलता जाता हूँ

मिट्टी से दिल नहीं लगाता हूँ
मैं बंजारा हूँ, बस चलता जाता हूँ

भावनाओं के संग नहीं बहता हूँ
मैं बंजारा हूँ, बस चलता जाता हूँ

रास्ते के पथरों से हार नहीं मानता हूँ
मैं बंजारा हूँ, बस चलता जाता हूँ

मन को विचलित नहीं होने देता हूँ
मैं बंजारा हूँ, बस चलता जाता हूँ

अपना आशियाना नहीं संजोता हूँ
मैं बंजारा हूँ, बस चलता जाता हूँ

मैंने घर छोड़ा है, उम्मीद नहीं
अपनी मर्ज़ी के बिना, हिम्मत के साथ
भटक रहा हूँ इन अनजान राहों पे
कोई रंजिश नहीं, अपनों के साथ

लकीर

इन लकीरों का भी बड़ा अजीब खेल है....

माथे पर खींच दो तो शिकन बन जाती हैं
हाथों पर हो तो किस्मत बन जाती है
ज़मीन पर खींच दो तो सरहदें बन जाती हैं
शरीर पर हो तो ज़ख्म बन जाती है
रिश्तों पर खींच दो तो दीवारें बन जाती हैं

इन लकीरों के खेल में
इंसान कहीं खो जाता है
श्वास होते हुए भी
जीवन नर्क बन जाता है

इन लकीरों के खेल में
इंसान सबसे दूर हो जाता है
मिलने की चाह रखते हुए भी
अकेला रह जाता है

माँ

सब कुछ तो नहीं देखा है मैंने दुनिया में
पर माँ को पिता बनते ज़रूर देखा है

जब कुछ नहीं था खाने को
तब माँ को बावरची बनते ज़रूर देखा है
जब कुछ नहीं था पहनने को
तब माँ को सिलाई करते ज़रूर देखा है
जब कुछ नहीं था ओढ़ने को
तब माँ को रजाई बनते ज़रूर देखा है
जब कुछ नहीं था बोलने को
तब माँ को अल्फ़ाज़ बनते ज़रूर देखा है
जब कुछ नहीं था पीने को
तब माँ को पानी की एक बूँद बनते ज़रूर देखा है
जब कुछ नहीं था खरीदने को
तब माँ को अठन्नी बनते ज़रूर देखा है
जब कुछ नहीं था समझने को
तब माँ को जीवन का सार बनते ज़रूर देखा है

बहुत कुछ देखा है मैंने दुनिया में
पर इस कदर किसी माँ को पिता बनते नहीं देखा है

एक नई दुनिया

मुझे भी वही खिलौना चाहिए पापा
मुझे भी वही कपड़े चाहिए पापा
जो सब खरीदते हैं दुकानों से
जो सब पहनते हैं त्योहारों पे

मुझे भी वही पकवान दिलाओ ना पापा
मुझे भी वही भुट्टा खिलाओ ना पापा
जो सब लोग बनवाते हैं हलवाइयों से
जो सब लोग खाते हैं सड़क के किनारों पे

मुझे भी वही सपना दिखाओ ना पापा
मुझे भी वही झूला झूलाओ ना पापा
जो सब लोग देखते हैं आशाओं से
जो सब लोग झूलते हैं पेड़ों पे

मुझे भी उस दुनिया में जाना है
करना अपना अरमान पूरा है
देखनी आपकी खुशी आपकी हँसी है
बेबसी का आँचल अब नहीं पकड़ना है

ए खुदा

कर दे इन बेड़ियों से आज़ाद मुझे ए खुदा
मैंने भी तो तेरे दर पर झोलियाँ फैलाई हैं
नहीं इंसानों सा यहाँ कोई भी ए मेरे मालिक
हर तरफ सिर्फ हैवानियत ही छाई है

ये जो उम्मीद की रोशनी दिखती है ना हर सुबह
सितारों के रोशन होने का एहसास दिलाती है
परिंदों की उड़ान अक्सर खुशी देती है मुझे
कैद होने का खौफ तो सिर्फ परिंदे ही समझते हैं

जीने की इच्छा जताई नहीं जाती है अब
मरने का एहसास एक सुकून दे जाता है
तोड़ कर बेड़ियाँ मन झूमने को करता है
इस दुनिया से अलविदा होने को करता है

मेरा मुकद्दर

जो लबों से ना बयान कर पाऊँ
ऐसा मेरा गीत है तू
जो आँखों से ना देख सकूँ
ऐसा मेरा ख्वाब है तू

जो दिल से ना महसूस कर पाऊँ
ऐसी मेरी धड़कन है तू
जो बाहों में ना भर सकूँ
ऐसी मेरी रूह है तू

जो कानों से ना सुन पाऊँ
ऐसी मीठी आवाज़ है तू
जो दिमाग से ना सोच सकूँ
ऐसा मेरा दर्द है तू

जो साथ ना तेरे चल पाऊँ
ऐसा मेरा नसीब है तू
जो पास ना तेरे रह पाऊं
ऐसा मेरा मुकद्दर है तू

मुसाफ़िर

सड़कों पे चलता एक मुसाफ़िर हूँ यारों
ठोकर खाता फिर भी चलता जाता हूँ मैं

गिर के उठता हूँ, उठ के चलता हूँ यारों
संभलकर चलना ही तो दस्तूर है मेरा

भूख भी लगती है, प्यास भी है यारों
बस रुकना ही तो नहीं है मैंने

साँस अटकती है, ज़ुबान सूखती है यारों
बिना रुके चलता जाता हूँ मैं

पत्थरों से दोस्ती कर ली है यारों
अब चुभते नहीं हैं पैरों में

मंज़िल का तो पता है यारों
वहां तक का रास्ता जानता नहीं मैं

अपने घोंसले की याद ले चली है मुझे यारों
नहीं तो मुसाफिर बनता नहीं मैं

बारिश

वो बारिश का पानी
याद दिलाता है किसी अपने की
वो बारिश का पानी
एहसास दिलाता है किसी को खोने की
वो बारिश का पानी
भीगा जाता है मेरे आँचल को
वो बारिश का पानी
नम कर जाता है मेरी आँखों को
वो बारिश का पानी
ख़ामोश कर जाता है उस चीख को
वो बारिश का पानी
अक्सर बोलना सिखा जाता है उसको
वो बारिश का पानी
सिखा जाता है खुद को संभालना
संभलकर सीखना, गिर कर उठना,
रुक कर चलना, ख़ामोश होकर कहना,
रो कर हँसना, हँस कर आँसू छुपाना

वो बारिश का पानी ही है
जो ज़िन्दगी का सार सिखा जाता है
बिना कुछ कहे, सब कुछ कह जाता है

अधूरी ज़िन्दगी

जब भी उनसे कुछ कहना चाहा
इस दिल-दिमाग में जंग छिड़ गई
दिल को अक्सर समझाया मैंने
दिमाग को थोड़ा बहलाया मैंने
लफ्ज़ आधे-अधूरे से रह गए
इस चाहत की कश्मकश में
दिलों के जुड़ने दिमाग के टकराने में
हमारी कहानी जैसे अधूरी सी रह गई
उनसे हाल-ए-दिल बयान करने के लिए
ये ज़िन्दगी जैसे अधूरी सी रह गई
अब उनसे मिलना एक सपना सा लगता है
उनका दिया हर ज़ख्म सच्चा सा लगता है
रूह भी शर्मा जाए ऐसा गीत लिखा उनके लिए
वो ये महसूस कर पाएँ तो तसल्ली मिल जाए

उनकी याद

एक हूक सी उठती है दिल में
अक्सर जब उनकी याद सताती है
मैं पानी पानी हो जाती हूँ
जब उनसे नज़रें टकराती हैं
गर बिछड़ना नसीब होता मेरा
कभी मिलना ना होता उनसे
जो दिल में घर कर गए हैं
रुसवाई कैसे करें उनसे
बस एक मोहब्बत ही रहेगी
हम रहें ना रहें
ये वफ़ा के कसमें वादे हैं
ऐसे कैसे उनसे जुदा रहें
खिलता है चेहरा उनके नाम से
वो सामने आए तो क्या हासिल कर जाऊँ
खुशी से झूम उठती हूँ मैं
उनको पा लू तो कहीं मर ही ना जाऊँ

दिल की किताब

इस दिल की किताब के पन्नों में
फर्क है तो सिर्फ तुझे लिखने का
उन लफ़्ज़ों में तुझे पिरोने का
तेरी आरज़ू में शामिल होने का

इस दिल की किताब के पन्नों में
फर्क है तो सिर्फ उन अरमानों का
उन पन्नों में मुरझाए फूलों का
ज़िन्दगी भर की यादों का

इस दिल की किताब के पन्नों में
फर्क है तो सिर्फ उन मुस्कानों का
उन बेसब्र धड़कते दिलों का
दिल के अनकहे जज्बातों का

इस दिल की किताब के पन्नों में
फर्क है तो सिर्फ उन सपनों का
उन सपनों की ऊंची उड़ानों का
शिखर को छूते विश्वास का

इस दिल की किताब के पन्नों में
फर्क है तो सिर्फ उन खुशियों का
उन पलकों में बसी उम्मीदों का
यादों का दामन ना छोड़ने का

इस दिल की किताब के पन्नों में
फर्क है तो सिर्फ उन परछाइयों का
उन मिलकर बिछड़ने वालों का
ताउम्र आँखों में संजोने का

दिल की आरज़ू

दिल की आरज़ू आँखों से बयान होती है
ये इनायत हर किसी को नसीब कहाँ होती है

ख़ामोश रहकर भी गुफ्तगू होती है
मोहब्बत शब्दों की मोहताज कहाँ होती है

कह दूँ उनको दिल की बात तो शरारत सी होती है
इश्क़ वालों को आँसुओ की परवाह कहां होती है

ज़ाहिर कर दूँ तो एक उलझन सी होती है
इकरार कर दिया तो कयामत सी होती है

इनकार कर दिया तो एक घुटन सी होती है
सरेआम मोहब्बत नीलाम सी होती है

हर एक मुस्कुराहट मुस्कान नहीं होती है
ये दिल की बात है, लफ़्ज़ों से बयान कहाँ होती है

आखिर क्यों

क्यों दिल का कोना वीरान दिखता है
क्यों हर शख्स हैवान लगता है
इस दिल में जो कभी रहता था
क्यों आज वो अपना नहीं लगता है

क्यों अपनी शख्सियत परेशान दिखती है
क्यों ज़िन्दगी अधूरी सी लगती है
इस दिल में जो कभी रहता था
क्यों आज वो अजनबी लगता है

क्यों चेहरा बेनकाब दिखता है
क्यों ज़िन्दा होना गुनाह लगता है
इस दिल में जो कभी रहता था
क्यों आज वो अनजान लगता है

क्यों अब मोहब्बत झूठी दिखती है
वयों आरज़ू दबी-सी लगती हे
इस दिल में जो कभी रहता था
क्यों आज वो पराया लगता है

जीवन, एक आदर्श

जीवन से बड़ा कोई ज़ख्म नहीं
ज़िन्दगी से बड़ा कोई मरहम नहीं
एक जीवन ही है जो हमें सब कुछ सिखा जाता है
अनजान होते हुए भी ज़िन्दगी से पहचान करवा जाता है

वैसे तो.....

खुद आदर्शों पर ना चलकर कोई मुकाम हासिल नहीं
करती है
ये ज़िन्दगी खुद में एक आदर्श नहीं कहलाती है
मुझे आदर्शों पर चलने का पाठ पढ़ाती है
और खुद आदर्शों का मोल भूल जाती है

फिर भी.....

अच्छा बुरा, सही गलत, सब जीवन की देन है
किसी को परखने का हुनर भी जीवन ही देता है

एक अध्यापक की तरह ज्ञान प्रदान करता है
मानो ना मानो, जीवन एक आदर्श कहलाता है

औरत है... छुपती फिरती है

उन दरिंदों की नज़रों से पर्दा रखती है
वो औरत है.. सबसे छुपती फिरती है
सहमी सी सड़क पर चलती है
वो औरत है.. सबसे छुपती फिरती है
अपने अरमानों को ज़ाहिर करने से डरती है
वो औरत है.. सबसे छुपती फिरती है
किसी लड़के से बात करने में हिचकिचाती है
वो औरत है.. सबसे छुपती फिरती है
उन हैवानों की हैवानियत से हिजाब करती है
वो औरत है.. सबसे छुपती फिरती है
सहमी सी बेजान देह संवारती है
वो औरत है.. सबसे छुपती फिरती है
किसी धीमी आवाज़ से भी घबराती है
वो औरत है.. सबसे छुपती फिरती है
अपने वजूद को नापाक समझती है
वो औरत है.. सबसे छुपती फिरती है